编委会

法在我身边

江油市人民检察院　主编

四川大学出版社
SICHUAN UNIVERSITY PRESS

图书在版编目（CIP）数据

法在我身边 / 江油市人民检察院主编 . -- 成都 ：
四川大学出版社，2024. 11. -- ISBN 978-7-5690-7333
-1

Ⅰ . D920. 5

中国国家版本馆 CIP 数据核字第 2024AY5389 号

书　　名：法在我身边
　　　　　Fa Zai Wo Shenbian
主　　编：江油市人民检察院

选题策划：蒋姗姗　袁霁野
责任编辑：蒋姗姗
责任校对：袁霁野
装帧设计：墨创文化
责任印制：李金兰

出版发行：四川大学出版社有限责任公司
　　　　　地址：成都市一环路南一段 24 号（610065）
　　　　　电话：（028）85408311（发行部）、85400276（总编室）
　　　　　电子邮箱：scupress@vip.163.com
　　　　　网址：https://press.scu.edu.cn
印前制作：成都墨之创文化传播有限公司
印刷装订：四川省平轩印务有限公司

成品尺寸：148 mm×210 mm
印　　张：4
字　　数：99 千字

版　　次：2024 年 11 月 第 1 版
印　　次：2024 年 11 月 第 1 次印刷
定　　价：28. 00 元

本社图书如有印装质量问题，请联系发行部调换

扫码获取数字资源

四川大学出版社
微信公众号

检察长寄语：

同学们：

　　当你们正值青春年华，开启求知的旅程，遨游在知识的海洋时，仙桃市人民检察院的法治副校长给你们精心编撰了"法在我身边"法治读本，希望你们加强法律知识的学习，远离犯罪，保护自己，争做一名懂法、知法、用法、守法的新时代青少年。

　　愿你们在求知的道路上乘风破浪，满舟比成，向阳而生，不负韶华！

黄苏宏

2024.11

　　青少年是祖国的未来，是民族的希望。近年来，信息传播网络化、观念多元化带来相对复杂的社会环境，使得未成年人违法犯罪呈现高发、频发态势。培养未成年人"敬畏规则、尊重法律"的法治意识，是每一个家庭、每一所学校、每一个社会工作者必须面对的课题。我们为编写此书整合了十四名法治副校长及"熊猫未士·江小侠"法治宣讲团的力量，梳理了近年来办理的较为典型的案例，结合未成年人的特点，通过浅显的语言、温馨的提示，普及法律知识，增强未成年人法治观念，提高未成年人自我保护意识和能力，让大家明白怎样用法律保护自己，学法知法守法。以检察之力为未成年人撑起一片法治蓝天，让大家懂得尊重和善待生命，懂得遵守规则和秩序，懂得为自己行为的后果负责，明白这是一份责任，更是一份担当。

　　少年智则国智，少年强则国强。今天的青少年，就是明天国家的保卫者、建设者。新时期的接班人必须做到学法、懂法、知法、用法，用法律武器保护自己，为构建社会主义和谐社会做出应有的贡献。

　　守护孩子就是守护明天，未成年人法治教育永远在路上。保护未成年人健康成长，我们一起努力！

目录 CONTENTS

第一篇

认识法律

什么是法律

中国古代的法字："灋"（fǎ）

《说文解字》：

"灋"（fǎ），刑也，平之如水，从水；廌，所以触不直者去之，从去。

在甲骨文和金文中，"法"字写作"灋"，由氵、廌、去三部分组成。而"廌"即为獬豸（xiè zhì），天生有一种本领——判断是非曲直。当人们发生冲突或纠纷的时候，传说这种神兽能用角指向无理的一方，甚至会将罪该万死的人用角抵死，令犯法者不寒而栗。

《说文解字》：

"廌"（zhì），也称（獬豸 xiè zhì）为中国上古传说中的一种神兽，它似羊非羊，似鹿非鹿，头上长着一只角，故又俗称独角兽。

法律的定义： 法律是国家制定或认可的，由国家强制力保证实施的，以规定当事人权利和义务为内容的具有普遍约束力的社会规范。

法律的作用：

维护社会秩序	调节利益关系
保障自由与权利	明示与预防作用
实现正义	矫正与教育作用
提高效率	促进社会进步

第二课

检察院的职能

俗话说：有困难找公安，打官司上法院。那检察院是干什么的呢？

检察院

有人认为检察院属于公安系统，

有人认为检察院是做质检的，

有人认为检察院是做体检的。

这些都是误解，

检察院可不是"检查"院！

检察院是国家法律监督机关，与人民法院、公安机关进行刑事诉讼，分工负责，互相配合，互相制约。

检察院有四大检察职能，具体涵盖了十项检察业务。

▶ 一、四大检察职能

刑事检察、民事检察、行政检察、公益诉讼检察。

刑事检察

行政检察

民事检察

公益诉讼检察

（一）刑事检察主要职能

1. 审查批捕：对公安机关提请逮捕的案件进行审查，决定是否批准逮捕。

2. 审查起诉：对侦查或调查终结的案件进行审查，决定是否提起公诉。

3. 刑事诉讼监督：监督公安机关刑事立案、侦查活动和人民法院的审判活动是否合法。

4. 刑事执行监督：监督刑罚执行机关刑罚执行活动是否合法等。

漫画读懂检察院四大职能之刑事检察

检察机关引导侦查取证

我们决定批准逮捕犯罪嫌疑人×××，后续你们可以从×××方向进行取证。

好的，我们马上对相关情况进行侦查。

我自愿认罪并接受检察机关的量刑建议。

检察官出庭支持公诉

检察官对执行活动进行监督

从刑事案件启动到刑罚执行完毕，

检察机关的法律监督都伴随左右，守护公平与正义。

（二）民事检察主要职能

民事检察职能为民事诉讼监督。人民法院生效的民事判决、裁定确有错误，民事调解书损害国家利益或社会公共利益，以及民事审判中审判人员的违法行为或民事执行活动存在违法情形等都可以由检察院进行监督。

漫画读懂检察院四大职能之民事检察

（三）行政检察主要职能

　　行政检察职能指对行政诉讼和行政行为的监督。对人民法院生效的行政判决、裁定确有错误的，行政调解书损害国家利益、社会公共利益的，行政审判中审判人员存在违法行为或行政执行活动存在违法情形的，行政机关违法行使职权或不行使职权的，检察院都可以进行监督。

漫画读懂检察院四大职能之行政检察

行政检察

强化法律监督 维护公平正义

行政检察是检察机关四大检察职能之一，主要对行政诉讼和行政行为进行监督。

明明是我的宅基地……

大爷，有什么事情吗？

从行政机关是否依法履职，到法院行政审理过程、生效的行政判决、裁定是否存在违法行为……

检察机关会充分发挥检察职能，依法监督行政履职。

（四）公益诉讼检察主要职能

公益诉讼检察职能指在生态环境和资源保护、食品药品安全、国有财产保护、国有土地使用权出让、英烈保护等与国家利益和社会公共利益相关的领域，检察院可以督促相关行政部门履职，还可对损害社会公共利益的行为提起公益诉讼。

漫画读懂检察院四大职能之公益诉讼

公益诉讼检察是检察机关四大检察职能之一，主要对损害国家和社会公共利益的违法行为，由检察机关向人民法院提起公益诉讼。

公益诉讼

12309检察服务中心

江油市人民检察院

向相关行政机关发出检察建议书

法在我身边 ◆

行政机关参照检察建议积极履职

我们已经知道问题的严重性了，立即整改。

▶ 二、十项检察业务

　　四大检察职能具体涵盖了十大检察业务。十大检察业务顾名思义，是检察机关当前开展的主要业务，立案监督、审查逮捕、审查起诉、诉讼监督、执行监督、控告申诉等过程贯穿于这十大检察业务的始终。

十大检察业务

刑事执行检察

民事检察

经济犯罪检察

行政检察

职务犯罪检察

公益诉讼检察

重大刑事犯罪检察

未成年人检察

普通刑事犯罪检察

控告申诉检察

1. 普通刑事犯罪检察业务： 负责办理除重大刑事犯罪、职务犯罪、经济犯罪案件以外的普通刑事犯罪案件。

2. 重大刑事犯罪检察业务： 负责办理危害国家安全、公共安全、故意杀人、抢劫、毒品等犯罪案件。

3. 职务犯罪检察业务： 负责办理监察委员会移送的职务犯罪案件。

4. 经济犯罪检察业务： 负责办理破坏社会主义市场经济秩序的犯罪案件。

5. 未成年人检察业务： 负责办理未成年人犯罪案件和侵害未成年人犯罪案件的审查逮捕、审查起诉、出庭支持公诉、抗诉。开展未成年人司法保护和预防未成年人犯罪工作。

6.民事检察业务：负责办理民事生效裁判书、调解书监督案件，民事审判程序中审判人员违法行为监督案件，民事执行监督案件。

7.行政检察业务：依法监督法院生效的行政判决、裁定、调解书，监督法院行政执行活动，监督行政审判程序中审判人员的违法行为。

8. 公益诉讼检察业务：负责办理生态环境和资源保护、食品药品安全等领域的损害社会公共利益的民事公益诉讼案件，生态环境和资源保护、食品药品安全、国有财产保护、国有土地使用权出让等领域的行政公益诉讼案件，侵害英雄烈士姓名、肖像、名誉、荣誉的公益诉讼案件。

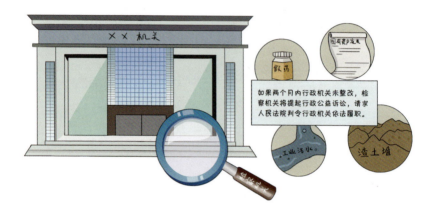

9. 刑事执行检察业务：负责刑事执行检察，并办理立案侦查司法工作人员利用职权实施的非法拘禁、刑讯逼供、非法搜查等侵犯公民权利、损害司法公正的案件。

10.控告申诉检察业务：负责受理控告和申诉、办理国家赔偿案件和国家司法救助案件。

在人人追求美好生活的今天，人民群众对民主、法治、公平、正义、安全、环境等方面提出了新要求。要实现这些目标，必须有权威、有力的机构来做规范、监督的工作。中国检察机关是国家的法律监督机关，承担惩治和预防犯罪、对诉讼活动进行监督等职责，是保护国家利益和社会公共利

益的一支重要力量。

　　人民检察院通过行使检察权，追诉犯罪，维护国家安全和社会秩序，维护个人和组织的合法权益，维护国家利益和社会公共利益，保障法律正确实施，维护社会公平正义，维护国家法制统一、尊严和权威，保障中国特色社会主义建设顺利进行。

第二篇

预防未成年人犯罪

第一课

不良行为要重视

 一般不良行为

　　不良行为是一个行为概念，指不道德、不规范的行为，不良行为的基本特征是与人们公认并且遵守的社会规范相对立，具有扰乱行为准则、扰乱是非观念、破坏社会秩序、破坏公共安全的潜在危害性和现实危害性。

【法条链接】

　　《中华人民共和国预防未成年人犯罪法》第二十八条　本法所称不良行为，是指未成年人实施的不利于其健康成长的下列行为：

　　（一）吸烟、饮酒；

　　（二）多次旷课、逃学；

　　（三）无故夜不归宿、离家出走；

　　（四）沉迷网络；

　　（五）与社会上具有不良习性的人交往，组织或者参加实施不良行为的团伙；

　　（六）进入法律法规规定未成年人不宜进入的场所；

　　（七）参与赌博、变相赌博，或者参加封建迷信、邪教等活动；

　　（八）阅览、观看或者收听宣扬淫秽、色情、暴力、恐怖、极端等内容的读物、音像制品或者网络信息等；

　　（九）其他不利于未成年人身心健康成长的不良行为。

严重不良行为

专门学校　专门教育

有严重不良行为　的未成年人

　　严重不良行为是指《中华人民共和国预防未成年人犯罪法》规定的以未成年人为主体的严重危害社会，尚不够刑事处罚的违法行为。从概念上讲，严重不良行为与不良行为在违反社会规范这一点上没有区别，但存在程度上的差别。而程度上的差别又可能改变行为的性质，使对严重不良行为的处理由家庭或学校的干预扩大到司法机关的干预。

【法条链接】

　　《中华人民共和国预防未成年人犯罪法》第三十八条　本法所称严重不良行为，是指未成年人实施的有刑法规定、因不满法定刑事责任年龄不予刑事处罚的行为，以及严重危害社会的下列行为：

　　（一）结伙斗殴，追逐、拦截他人，强拿硬要或者任意损毁、占用公私财物等寻衅滋事行为；

　　（二）非法携带枪支、弹药或者弩、匕首等国家规定的管制器具；

　　（三）殴打、辱骂、恐吓，或者故意伤害他人身体；

　　（四）盗窃、哄抢、抢夺或者故意损毁公私财物；

　　（五）传播淫秽的读物、音像制品或者信息等；

　　（六）卖淫、嫖娼，或者进行淫秽表演；

　　（七）吸食、注射毒品，或者向他人提供毒品；

　　（八）参与赌博赌资较大；

　　（九）其他严重危害社会的行为。

第二课

法律常识

 犯罪

　　一切危害国家主权、领土完整和安全，分裂国家、颠覆人民民主专政的政权和推翻社会主义制度，破坏社会秩序和经济秩序，侵犯国有财产或者劳动群众集体所有的财产，侵犯公民私人所有的财产，侵犯公民的人身权利、民主权利和其他权利，以及其他危害社会的行为，依照法律应当受刑罚处罚的，都是犯罪，但是情节显著轻微危害不大的，不认为是犯罪。

刑事责任年龄

【法条链接】

《中华人民共和国刑法》第十七条　已满十六周岁的人犯罪，应当负刑事责任。

已满十四周岁不满十六周岁的人，犯故意杀人、故意伤害致人重伤或者死亡、强奸、抢劫、贩卖毒品、放火、爆炸、投放危险物质罪的，应当负刑事责任。

已满十二周岁不满十四周岁的人，犯故意杀人、故意伤害罪，致人死亡或者以特别残忍手段致人重伤造成严重残疾，情节恶劣，经最高人民检察院核准追诉的，应当负刑事责任。

对依照前三款规定追究刑事责任的不满十八周岁的人，应当从轻或者减轻处罚。

因不满十六周岁不予刑事处罚的，责令其父母或者其他监护人加以管教；在必要的时候，依法进行专门矫治教育。

刑罚

刑事处罚是违反刑法而应当受到的刑法制裁，简称刑罚。刑罚包括主刑和附加刑两部分。

主刑包括：管制，拘役，有期徒刑，无期徒刑，死刑。

附加刑包括：罚金，剥夺政治权利，没收财产。

自首与坦白

犯罪以后自动投案，如实供述自己的罪行的，是自首。对于自首的犯罪分子，可以从轻或者减轻处罚。其中，犯罪较轻的，可以免除处罚。

被采取强制措施的犯罪嫌疑人、被告人，正在服刑的罪犯，如实供述司法机关还未掌握的本人其他罪行的，以自首论。

犯罪嫌疑人虽不具有前两款规定的自首情节，但是如实供述自己罪行的，可以从轻处罚；因其如实供述自己罪行，避免特别严重后果发生的，可以减轻处罚。

立功

犯罪分子有揭发他人犯罪行为查证属实的，或者提供重要线索从而得以侦破其他案件等立功表现的，可以从轻或者减轻处罚；有重大立功表现的，可以减轻或者免除处罚。

第三课

常见犯罪分析

第一节 盗窃罪

▶ 【案情简介】

未成年人韩某以借宿为名，使用木棍撬门的方式进入江油市某乡镇居民胡某家中，发现电视柜上放置的摩托车钥匙，遂趁无人之机用该钥匙将胡某停放在客厅的一辆"国威"牌两轮摩托车骑至江油城区。两天后，韩某以700元的价格将该车出售，所获赃款被其耗用。经鉴定，被盗摩托车价值人民币6000元整。案发后，韩某退缴了全部赃款，摩托车已追回并发还被害人。人民法院判决韩某犯盗窃罪，判处拘役三个月，缓刑四个月，并处罚金人民币1000元。

▶ 【法条链接】

《中华人民共和国刑法》第二百六十四条 盗窃公私财物，数额较大的，或者多次盗窃、入户盗窃、携带凶器盗窃、扒窃的，处三年以下有期徒刑、拘役或者管制，并处或者单处罚金；数额巨大或者有其他严重情节的，处三年以上十年以下有期徒刑，并处罚金；数额特别巨大或者有其他特别严重情节的，处十年以上有期徒刑或者无期徒刑，并处罚金或者没收财产。

▶ 【检察官说法】

盗窃罪是指以非法占有为目的，盗窃公私财物数额较大或者多次盗窃、入户盗窃、携带凶器盗窃、扒窃公私财物的行为。"不义之财"莫伸手，不要贪图小利而以身试法，最后不仅需要如数退还，更将面临刑罚处罚。同学们，勿以善小而不为，勿以恶小而为之，切莫对日常生活中的小偷小摸行为不以为然，遵纪守法应当是每一个公民最基本的素质要求。

第二节 聚众斗殴罪

▶【案情简介】

江油市的江某某得知其女友与网友王某见面，遂对王某心怀不满。江某某安排蒲某甲与王某联系，准备报复王某。王某不甘示弱，邀约黎某帮忙。

第二日，江某某、蒲某甲与王某、黎某在电话里发生争吵，并约定在江油市某地打架解决此事。黎某又邀约了文某某、刘某某（15岁），蒲某甲邀约了蒲某乙、罗某某、陈某等人。于当晚21时30分左右，双方发生斗殴。打斗中，王某、黎某、文某某、刘某某等人分别持砍刀、甩棍将蒲某甲、江某某、陈某打伤。蒲某乙持甩棍将黎某头部打伤。经鉴定：江某某的损伤程度属轻伤，陈某的损伤程度属轻微伤，蒲某甲的损伤程度属轻微伤。

本案中，除刘某某因不满16周岁，未达刑事责任年龄外，其余8人均已满16周岁，均构成聚众斗殴罪。其中，王某、黎某、文某某持械。最后，人民法院分别判处王某、黎某、文某某、江某某、蒲某甲、蒲某乙、罗某某、陈某等人有期徒刑三年、两年六个月、两年、一年等刑期不等的刑罚。

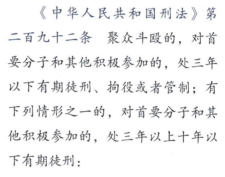

【法条链接】

《中华人民共和国刑法》第二百九十二条 聚众斗殴的，对首要分子和其他积极参加的，处三年以下有期徒刑、拘役或者管制；有下列情形之一的，对首要分子和其他积极参加的，处三年以上十年以下有期徒刑：

（一）多次聚众斗殴的；

（二）聚众斗殴人数多，规模大，社会影响恶劣的；

（三）在公共场所或者交通要道聚众斗殴，造成社会秩序严重混乱的；

（四）持械聚众斗殴的。

聚众斗殴，致人重伤、死亡的，依照本法第二百三十四条、第二百三十二条的规定定罪处罚。

【检察官说法】

聚众斗殴，是指为了报复他人、争霸一方或者其他不正当目的，纠集多人结伙斗殴，破坏公共秩序的行为。"聚众"一般是指人数众多，至少不得小于3人；"斗殴"主要是指采用暴力相互搏斗，但使用暴力的方式各有所别。如果聚众斗殴致人重伤、死亡的，那么行为性质就会发生变化，将根据《中华人民共和国刑法》规定，依照故意伤害罪、故意杀人罪定罪处罚。在未成年人聚众斗殴案件中，很多犯罪嫌疑人都是为了所谓的"义气"，在伤害别人的同时也断送了自己的大好前程，等待他们的将是失去自由的漫长时光。青少年们在处理冲突时，一定要学会冷静，采用合法的方式；遇到自己不能解决的问题要及时告诉老师或家长。

第三节　寻衅滋事罪

未成年人王某受刘某（另案处理）邀约到江油市某歌城外，在与吴某、陈某（另案处理）等人会合后进入该歌城。吴某在过道处称要收拾"欺负"了自己的李某某。王某与吴某、陈某等人进入李某某所在包间，并对李某某、孙某、余某进行殴打，致李某某、孙某不同程度受伤。吴某等人离开包间，李某某、孙某持啤酒瓶追至歌城外，陈某持皮带殴打李某某，王某、吴某与孙某互殴，孙某持啤酒瓶打伤吴某头部。王某、吴某等人逃离现场。经鉴定，李某某的损伤程度为轻伤二级，孙某、吴某、王某的损伤程度均为轻微伤。人民法院判决王某犯寻衅滋事罪，判处有期徒刑七个月，缓刑一年。

▶ 【法条链接】

《中华人民共和国刑法》第二百九十三条 有下列寻衅滋事行为之一，破坏社会秩序的，处五年以下有期徒刑、拘役或者管制：

（一）随意殴打他人，情节恶劣的；

（二）追逐、拦截、辱骂、恐吓他人，情节恶劣的；

（三）强拿硬要或者任意损毁、占用公私财物，情节严重的；

（四）在公共场所起哄闹事，造成公共场所秩序严重混乱的。

纠集他人多次实施前款行为，严重破坏社会秩序的，处五年以上十年以下有期徒刑，可以并处罚金。

▶ 【检察官说法】

寻衅滋事罪是指肆意挑衅，随意殴打、骚扰他人或者损毁、占用公私财物，或者在公共场所起哄闹事，严重破坏社会秩序的行为。一般在主观上就是源于逞强耍横、耍威风、寻求精神刺激、取乐等不健康动机。青少年要学会明辨善恶与是非，树立正确的价值观，遵纪守法，不参与打架斗殴。

第四节　故意伤害罪

▶【案情简介】

> 某中学高中一年级学生高某（15岁）与王某（16岁）因打水发生了言语冲突。之后一天，王某与高某在楼道偶遇，高某便与同学一起将王某推进厕所进行殴打，王某用其随身携带的水果刀刺伤了高某腹部，经鉴定，高某为重伤。一审法院以故意伤害罪判处被告人王某有期徒刑三年，缓刑四年。

▶【法条链接】

> 《中国人民共和国刑法》第二百三十四条　故意伤害他人身体的，处三年以下有期徒刑、拘役或者管制。
>
> 犯前款罪，致人重伤的，处三年以上十年以下有期徒刑；致人死亡或者以特别残忍手段致人重伤造成严重残疾的，处十年以上有期徒刑、无期徒刑或者死刑。本法另有规定的，依照规定。

【检察官说法】

故意伤害他人身体，造成轻伤以上后果的就达到刑事立案标准。本案中王某最终受到司法机关的惩治，他的家庭也因高额的赔偿费用，背上了沉重的负担。本来只是一件小事，却因为冲动粗暴的解决方式造成了严重的后果。同学们，"打架有风险，动手需谨慎"，我们应当与同学友好相处，宽以待人，遇事多思，遇到任何事情都要想一想所有关心爱护我们的人。我们既要学会保护自己，也不能去做触犯法律的施暴者。

第五节　帮助信息网络犯罪活动罪

▶ 【案情简介】

涂某某与万某某通过兼职认识后，涂某某先后收购了万某某的3套银行卡（含银行卡、U盾/K宝、身份证照片、手机卡），并让万某某帮助其收购银行卡。万某某为牟利，在明知银行卡被用于信息网络犯罪的情况下，以亲属开淘宝店需要用卡等理由，从4名同学处收购8套新注册的银行卡提供给涂某某。涂某某将银行卡出售给他人，被用于实施电信网络诈骗等违法犯罪活动。经查，共有21名电信网络诈骗被害人向万某某出售的上述银行卡内转入人民币207万余元。

法院一审判决，以帮助信息网络犯罪活动罪判处涂某某有期徒刑一年四个月，并处罚金人民币一万元；判处万某某有期徒刑十个月，并处罚金人民币5000元。

手机卡

银行卡

▶【法条链接】

《中国人民共和国刑法》第二百八十七条之二 明知他人利用信息网络实施犯罪，为其犯罪提供互联网接入、服务器托管、网络存储、通讯传输等技术支持，或者提供广告推广、支付结算等帮助，情节严重的，处三年以下有期徒刑或者拘役，并处或者单处罚金。

▶ 【检察官说法】

　　从近年来的办案情况看，手机卡、银行卡（以下简称"两卡"）已经成为电信网络诈骗犯罪分子实施诈骗、转移赃款的重要工具。为依法严厉打击非法出租、出售"两卡"违法犯罪活动，2020年10月起，最高人民法院、最高人民检察院、公安部、工业和信息化部、中国人民银行五部门联合部署开展"断卡"行动，以斩断电信网络诈骗违法犯罪的信息流和资金链。在实际工作中发现，部分在校学生由于社会阅历不足、法治观念淡薄，已成为非法买卖"两卡"的重要群体之一。在利益诱惑面前，有的学生迷失方向，一步步陷入违法犯罪泥潭，从办卡、卖卡发展到组织收卡、贩卡，成为潜伏在校园中的"卡商"。本案被告人即是这样的"卡商"，他们不仅出售自己的银行卡，还在学校里招揽同学出售银行卡。这些银行卡经过层层周转，落入诈骗人员等犯罪分子手中，用于流转非法资金，危害不容小觑。对于从"工具人"转变为"卡商"的在校学生，应当综合其犯罪事实、情节和认罪态度，依法追究刑事责任。

　　同学们不要出售、出租、出借自己名下的手机卡、银行卡、支付宝和微信账号等。

第三篇

未成年人自我保护

第一课

向校园欺凌说不

第一节　校园欺凌的概念及主要类型

　　校园欺凌（暴力）是指发生在学校校园内、学生上学或放学途中、学校的教育活动中，由老师、同学或校外人员，蓄意滥用语言、躯体力量、网络、器械等，针对师生的生理、心理、名誉、权利、财产等实施的达到某种程度的侵害行为。校园欺凌不一定在校园内发生，放学后同学间的欺负行为也算在内。

▶ 校园欺凌的主要类型

骂　辱骂、中伤、讥讽、贬抑受害者

打　打架、殴打受害者

吓　恐吓、威胁、逼迫受害者

毁　损坏受害者的书本、衣物等个人财产

传　网上传播谣言、人身攻击

　　语言暴力：指经常用污言秽语对其他同学进行攻击，从而产生矛盾，还有起侮辱性的绰号。

　　身体暴力：指借助身体的优势打击比较弱小的同学。

　　心理暴力：指不断地用语言、行为等给其他同学造成精神或心理上的压力，使其出现不良表现。

第二节　校园欺凌产生的原因

▶ 根源一　家庭因素

　　家庭结构不完整、家庭关系不和谐、家庭教育不科学、家庭氛围不正常、家长行为不端正，对未成年人的影响也是巨大的。暴力及非暴力少年犯的家庭是单亲家庭或破碎家庭比例较高；暴力少年犯在儿童时期受虐待的程度、目睹父母发生婚姻暴力的程度及受肢体暴力的程度，比例也比其他少年高。

▶ 根源二　个人因素

青少年缺乏自我控制及自主负责的能力，冲动且缺乏挫折耐受力，法律意识淡薄。

▶ 根源三　学校因素

某些学校只重视升学率，忽视对学生的德、智、体、美、劳的全面素质教育。

▶ 根源四　社会因素

一般认为，校园欺凌发生的概率及程度与学生或学校所在地区环境有关。如今，网络游戏中不讲程序规则、处理问题简单粗暴的外部环境也易影响到未成年人。

第三节　如何预防校园欺凌

1. 不崇拜暴力文化。远离有暴力文化的影视作品、书籍、报纸、杂志及游戏；不模仿影视作品或游戏里的暴力行为，不盲目崇拜影视作品里"除暴安良"的英雄人物；多接触有益身心健康的文化，培养健康的审美情操。

2. 不参与校园欺凌。珍惜生命，尊重他人。与同学和睦相处，不拉帮结派，宽以待人，互相礼让。树立正确的是非观念，坚决不做校园暴力行为的帮凶。

3. 学会控制情绪。合理发泄自己的情绪，不要一时冲动，冷静后再做决定。

4. 增强法律意识和法治观念。施暴者普遍法律意识淡薄，对法律无知。同学们要学法、懂法、守法、用法，形成对法律的坚定信仰，这样才能更好地保护自己。

5. 避免成为施暴者的目标。不公开显露自己的财物，不携带贵重物品入校，在校园和上下学途中尽量结伴而行，与同学友好相处。

第四节　遭受校园欺凌如何自救

一、遭受语言暴力时的自救

1. 淡然处之，保持沉默。

2. 无畏回应。对于对方故意并且较为恶劣的语言攻击，就要勇敢地向攻击者表明自己的立场。

3. 肯定自己，调整心态。不受对方侮辱性语言的影响，爱惜自己，肯定自己，做好心理调节。

4. 法律维权。如果语言施暴者的行为已经构成侮辱、诽谤，并且对我们造成了严重的精神伤害，可以用法律来维护自身的合法权益。

二、遭受身体暴力时的自救

1. 找机会逃跑。

2. 大声呼救。

3. 以上退路若被截断，应双手抱头，尽力保护头部，尤其是太阳穴和后脑。

4. 永远记住：生命第一，财产第二。

▶ 三、遭受心理暴力时的自救

对于心理暴力，要从自我心理调整入手，积极主动地与别人沟通，弄清楚原因。如果这些问题自己无法解决，可以向老师、家长求助。

第五节　典型案例

▶ 【案情简介】

朱某某、王某、裴某某等 7 人，均未满 18 周岁，系某市在校初中学生和技校学生。7 人经预谋，先后进入该市四中、二十二中等地，在看到单独行走的未成年学生后，即上前搂住被害人脖子并将其拉至偏僻处强行借钱、借手机。如遭到被害人拒绝，就进行语言威胁，采取暴力或者胁迫手段，多次实施抢劫。朱某某、王某、裴某某 7 人先后共抢劫 5 名被害人的 5 部手机（价值 1 万余元）和少量现金，并在赃物销赃后共同予以挥霍。

在短短两个月时间里，朱某某、王某、裴某某 7 人在学校附近专门针对单独行走的未成年学生实施抢劫的行为，致使学生上学、放学不敢单独行走，家长只能天天护送，在社会上造成了极其恶劣的影响。

▶ 【法条链接】

《中华人民共和国刑法》第二百六十三条　以暴力、胁迫或者其他方法抢劫公私财物的，处三年以上十年以下有期徒刑，并处罚金；有下列情形之一的，处十年以上有期徒刑、无期徒刑或者死刑，并处罚金或者没收财产：

（一）入户抢劫的；

（二）在公共交通工具上抢劫的；

（三）抢劫银行或者其他金融机构的；

（四）多次抢劫或者抢劫数额巨大的；

（五）抢劫致人重伤、死亡的；

（六）冒充军警人员抢劫的；

（七）持枪抢劫的；

（八）抢劫军用物资或者抢险、救灾、救济物资的。

▶【检察官说法】

　　此案涉及的一个焦点是：其中两名被告人辩解，在朱某某等人抢劫时，他们只是站在被害人旁边给朱某某等人壮声势，没有实施威胁、殴打、抢劫行为，事后也只分得了一瓶饮料，认为自己的行为不构成抢劫罪。殊不知，他们的行为同样触犯了法律，构成了抢劫罪。因为他们人多势众，给被害人造成了精神威胁，使被害人不敢反抗，才得以顺利实施抢劫。这样的行为构成抢劫罪的共犯。另外，抢劫罪是行为犯，只要实施抢劫行为就犯罪，不以是否劫到财物为标准，抢劫数额大小只是一个量刑的情节。

　　校园欺凌的危害性很大，同学们要增强自我保护意识，你的成长和进步就是对那些欺负你的人最有力的回击。不要因为无聊的琐事陷入与同学计较争执的泥潭！不要让诽谤、欺凌折断你追求梦想的翅膀！不要将自己的生命浪费在对别人的羞辱和对自己的惩罚之中！

第二课

预防性侵害

第一节　认识和保护我们的身体

身体是我们的好朋友，因此我们要照顾和保护它。

身体由很多个部位组成，有些部位可以露在外面给人看，如眼睛、嘴巴、胳膊；有些则是隐私部位，不能给人看也不能让人触碰，如胸部、腹部、臀部、大腿内侧。

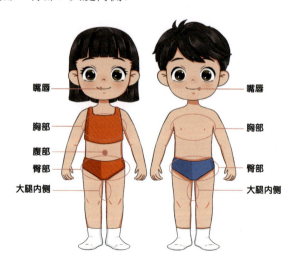

善意的触碰，会让我们感觉自然、温暖和安全，是友好的接触。至于其他接触，我们有权利拒绝。

当有人摸你的隐私部位，要勇敢拒绝！

别人让你摸他（她）的隐私部位，要勇敢拒绝！

当有人让你看带有脱光衣服人体的书籍、视频、电影，要勇敢拒绝！

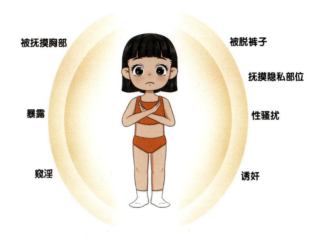

如果遇到以上情况，要马上告诉你信赖的人！

如果别人触碰、摸你的身体让你感到不舒服、害怕或者疼痛，或你的家长知道后会因此不高兴，就要拒绝。即使对老师或者其他有权威的人，也要敢于说"不"！

第二节　常见的性侵犯罪

　　性侵害未成年人犯罪是指加害者以权威、暴力、金钱或甜言蜜语，引诱胁迫未成年人与其发生性关系，并在性方面造成对受害人的伤害的行为。此类性关系的活动包括猥亵、乱伦、强暴、性交易、媒介卖淫。

　　性侵犯罪具体表现分身体接触和非身体接触两种方式。

　　身体接触包括不正当的肢体接触及对隐私部位的触碰等行为。例如，在公交车、电影院等公共场所，有人偷偷搂你的腰、摸你的臀部。

　　非身体接触包括要求脱衣、要求观看脱衣、要求观看淫秽录像、讲黄色笑话、拍摄裸照等行为。

　　常见性侵犯罪有强奸、强制猥亵、猥亵儿童、强迫卖淫等。

【法条链接】

强奸犯罪

《中华人民共和国刑法》第二百三十六条 以暴力、胁迫或者其他手段强奸妇女的，处三年以上十年以下有期徒刑。

奸淫不满十四周岁的幼女的，以强奸论，从重处罚。

强奸妇女、奸淫幼女，有下列情形之一的，处十年以上有期徒刑、无期徒刑或者死刑：

（一）强奸妇女、奸淫幼女情节恶劣的；

（二）强奸妇女、奸淫幼女多人的；

（三）在公共场所当众强奸妇女、奸淫幼女的；

（四）二人以上轮奸的；

（五）奸淫不满十周岁的幼女或者造成幼女伤害的；

（六）致使被害人重伤、死亡或者造成其他严重后果的。

《中华人民共和国刑法》第二百三十六条之一 对已满十四周岁不满十六周岁的未成年女性负有监护、收养、看护、教育、医疗等特殊职责的人员，与该未成年女性发生性关系的，处三年以下有期徒刑；情节恶劣的，处三年以上十年以下有期徒刑。

有前款行为，同时又构成本法第二百三十六条规定之罪的，依照处罚较重的规定定罪处罚。

刑法意义上的妇女：年满十四周岁的女性。
刑法意义上的幼女：未满十四周岁的女性。

猥亵犯罪

《中华人民共和国刑法》第二百三十七条以暴力、胁迫或者其他方法强制猥亵他人或者侮辱妇女的，处五年以下有期徒刑或者拘役。

聚众或者在公共场所当众犯前款罪的，或者有其他恶劣情节的，处五年以上有期徒刑。

猥亵儿童的，处五年以下有期徒刑；有下列情形之一的，处五年以上有期徒刑：

（一）猥亵儿童多人或者多次的；

（二）聚众猥亵儿童的，或者在公共场所当众猥亵儿童，情节恶劣的；

（三）造成儿童伤害或者其他严重后果的；

（四）猥亵手段恶劣或者有其他恶劣情节的。

刑法意义上的儿童：未满十四周岁的人。

第三节　性侵害误区

误区一： **男孩不可能遭到性侵害**

事实上，男孩女孩都可能遭遇性侵。

误区二： **年龄小不会遇到性侵害**

事实上，任何年龄的孩子都可能遭受性侵。

误区三： **性侵孩子的大多是陌生人**

事实上，性侵孩子的人，70% 以上是熟人，有学校的老师、家长的朋友甚至亲人。

误区四： **性侵者只会使用暴力手段**

事实上，性侵者有时候会利用贿赂、诱骗、关爱等手段。

因此，无论别人打你还是给你买东西，如果他接触了你的隐私部位，或者让你去碰他的隐私部位，看一些裸体照片、视频等，一定要及时告诉家长。

误区五： **重视财物而忽视人身安全**

事实上，我们的生命比任何财产都重要。保护好自己，生命安全最重要。

第四节　预防性侵

1. 独自在家，注意关好门窗，不让陌生人进屋。避免单独与他人（非亲人）在安静、封闭的环境中共处一室。

2. 不搭乘陌生人的便车，不吃喝陌生人给的食品和饮料，外出结伴而行，避开偏僻的地方，夜晚睡觉关好门窗。

3. 对于熟人邀约依旧保持警惕心理，邻居、亲戚、老师约你单独出去玩，首先需征得家长同意，引起父母重视；其次不要单独前往，最好是有大人或者其他小伙伴陪伴。

4. 注意网络安全。不随便添加陌生人为好友，不暴露个人信息，不轻易约见网友，不拍个人隐私照片，不发送、传播带有性暗示的信息。

▶ 遭遇性侵犯怎么办

【防范意识】坏人开始做坏事时，拒绝和适当反抗，大声呵斥"不要碰我"，有时能阻止坏人。

【安全意识】生命安全第一位。如果拒绝不管用，坏人开始暴力侵犯时，不要大声哭喊、骂人等，避免激怒坏人，避免生命危险。

【冷静意识】编理由骗坏人，想办法逃跑，如可以骗坏人说自己患有某类遗传病，伺机逃跑。在公共场合或有路人经过时，尽量靠近路人，引起路人的关注，寻求庇护。

【证据意识】万一逃脱不掉，被侵犯了，要尽可能地保存证据：

记住坏人的体貌特征——胖瘦、高矮、所穿衣服等；在被坏人侵犯的地方或者被坏人带走的沿途留下记号或线索，记住周围标志性建筑；不要马上洗澡或清洗任何衣物，及时告知监护人，及时报警，在家人陪同下到医院做身体检查，保存证据。

【调整心态】受到侵害绝不是我们的错！不要感到自卑、自责，应该承担责任和受到惩罚的是侵害者。当心里不舒服时，不妨和信任的人多交流，还可以寻求心理疏导，减轻负面情绪。

▶ **家长怎么做**

第一，重视对孩子的监护和陪伴。既要避免低龄儿童无人陪伴，也不要随意将孩子交给他人照看。检察机关办理的案件中就有家长因打牌将孩子带至茶楼，因监护疏忽导致孩子被侵害的情况。

第二，注意孩子与周围人的亲密程度，即使是熟人也要保持警惕。家长也不可抱有侥幸心理，不要以为男孩就不会受到性侵害。

第三，定期与老师沟通，了解孩子在学校的表现。孩子白天大部分时间都在学校，老师比较清楚孩子在课堂上、校园里的表现。及时了解孩子的动态，可以让孩子免受伤害。

第四，和孩子建立良好的亲子关系。不要以为孩子年龄小就疏于和孩子的交流。要多和孩子沟通，关心他们的身体和心理状况。当孩子出现和以往明显不同的表现后，更要注意观察，避免孩子受伤害的程度加深。

第五节　典型案例

▶ 一、男童被性侵案

　　王某系江油市某培训校教练，负责学生训练及生活管理，并住宿在学生宿舍内。至案发，王某明知其管理的学生均在读初中一年级，其中很多不满十四周岁，为满足其性刺激，利用其教练身份及管理宿舍的便利，先后多次环抱或压住对方，并采用摸对方生殖器、用其生殖器触碰对方臀部、亲吻等方式猥亵刘某、李某（14周岁）、王某某、林某某、张某（3人均不满14周岁）。经法院判决，王某犯猥亵儿童罪，判处有期徒刑五年，犯强制猥亵罪，判处有期徒刑五年，总和刑期有期徒刑十年，决定执行有期徒刑七年。

　　检察官提醒：很多人有一个认识误区，认为只有女孩子会被性侵害，而男孩子是绝对安全的。上述案例就是一起典型的以男孩为性侵对象的猥亵案件。所以，男孩子也要有防范意识，避免遭遇性侵害。

▶ 二、披着羊皮的狼

赵某在江油市某小区处，发现林某（13岁）独自坐在路边椅子上，遂上前搭讪并将林某带至其居住的家中，途中询问得知林某年仅13岁。赵某在客厅沙发上、卧室床上抚摸、亲吻林某胸部及下体，并强行与林某发生性关系，林某在发生性关系过程中反抗并逃离现场。经法院判决，赵某犯强奸罪，判处有期徒刑五年。

检察官提醒：陌生人搭讪不能理，更不能随便跟陌生人回家。也不要认为只有陌生人才会侵犯我们，熟人是安全的。事实上，性侵害犯罪中占较大比例的是熟人侵害。

▶ 三、两情相悦未必合法

小李，16岁，初三（3）班班长，长相帅气，学习成绩好。小云，13岁，初一（2）班文艺委员。小李在一次学校运动会中，对学校初中部的学妹小云一见钟情，经过一番苦心追求，赢得小云芳心，两人开始交往，感情甜蜜。两个月后，小李向小云提出发生性关系的要求，小云觉得小李平时对她很好，值得托付，便同意了，遂两人

发生了性关系。此后的半年里，两人多次发生性关系。直到小云怀孕，被妈妈发现，告诉了警察。最终，法院经过审理认为，小李明知小云不满14周岁，仍多次与其发生性关系，构成强奸罪，判处三年有期徒刑。

检察官提醒：《中华人民共和国刑法》规定，与不满14周岁的幼女发生性关系，不论对方是否同意，都以强奸罪定罪量刑。希望同学们在男女生交往过程中要注意尺度，要对爱情有正确认识，切勿偷食禁果，不要将爱变成伤害。

第三课

防毒拒毒

第一节　禁毒历史

我国对毒品犯罪历来是"零容忍"，对吸毒、贩毒者会处以相当严厉的惩罚，而这是有深刻的历史背景的。

19世纪二三十年代，鸦片大量输入我国，使我国每年白银外流达600万两，我国国内财政枯竭，国库空虚。鸦片也逐渐腐蚀人们的思想，扼杀人民的生命。鸦片贸易给我国社会带来严重危害，1839年6月3日，林则徐下令在虎门海滩当众销毁鸦片，至6月25日结束。

1840年，英国政府以林则徐虎门销烟等为借口，发动鸦片战争。在此之后的百年间，我国被列强不断侵略，受尽屈辱。在我国，禁毒是保护生命的一种方式，是对自己和他人负责的表现，是对社会秩序的坚定维护。

虎门销烟结束翌日即6月26日被选为了国际禁毒日。

71

第二节 认识毒品

毒品分为传统毒品和新型毒品。

传统毒品指直接从原植物中提取、加工而成的阿片类毒品，如鸦片、海洛因、大麻、可卡因、吗啡等。

鸦片（罂粟）

大麻

"合成毒品"是相对鸦片、海洛因这一类传统麻醉毒品而言的，又被称为"新型毒品"，如冰毒、K粉、麻古、"止咳水"、摇头丸、"浴盐"等。

冰毒

摇头丸

近年来，新型毒品种类层出不穷，有许多从外包装难以辨认，会误以为是一般食品。一颗看起来"无害"的糖、一杯奶茶都可能是新型毒品的伪装。对毒品的无知与自我防范意识的淡薄让不少年轻人稀里糊涂成为毒品的受害者。

伪装成跳跳糖和巧克力的毒品

第三节　毒品危害

毒品的危害主要有以下三个方面。

一、严重损害人的身体和心理健康

吸食毒品的人会营养不良，面黄肌瘦；损害呼吸道，损伤血管，损害免疫系统，引起许多疾病的传播和感染；损害神经系统，使人反应迟钝，出现精神障碍，引发多种精神病症状；造成性功能障碍、肾脏疾患、膀胱萎缩等。吸毒的孕妇分娩时婴儿死亡率较高。毒品已成为艾滋病毒传播的主要渠道。

二、对家庭造成危害

吸食毒品自毁前程，危害家庭经济；危害家庭关系，破坏夫妻关系和谐；危害孩子的健康成长。

▶ 三、对国家和社会造成危害

1. 严重危害社会经济的发展。吸毒首先导致身体疾病，影响生产；其次造成社会财富的巨大损失和浪费，同时毒品活动还造成环境恶化。

2. 严重危害社会治安。吸毒人员容易走上抢劫、盗窃、贩卖毒品等犯罪道路。

第四节　无毒青春，健康成长

青少年应该培养健康的生活情趣，良好的生活习惯，珍爱自己的生命，拒绝吸食毒品。

远离毒品做到"十不要"

1. 不要因心烦而"借毒消愁"。
2. 不要因好奇而"以身试毒"。
3. 不要抱着侥幸心理接触毒品。
4. 不要结交吸毒或贩毒人员。
5. 不要在吸毒场所停留。
6. 不要听信"吸毒是高级享受"的谣言。
7. 不要接受吸毒人员的东西。
8. 不要相信毒品能治病。
9. 不要以吸毒为荣。
10. 不要崇拜吸毒者。

第五节　典型案例

▶【典型案例1】

　　蒲某某容留田某、付某、李某、陈某四人在其入住的江油市某酒店房间内，使用吸毒工具"冰壶"，采用"烫吸"的方式吸食冰毒。经甲基安非他明检测试剂检测，上述五人结果均呈阳性。人民法院判决蒲某某犯容留他人吸毒罪，判处有期徒刑九个月，并处罚金人民币四千元。

▶【法条链接】

　　《中华人民共和国刑法》第三百五十四条　容留他人吸食、注射毒品的，处三年以下有期徒刑、拘役或者管制，并处罚金。

【典型案例2】

▶【案情简介】

　　小凯今年 16 岁，是一所职业中学的学生。小凯有个很大的爱好，喜欢去网吧打网络游戏，而且还在玩游戏的过程中认识了很多"朋友"。这些"朋友"有的是其他学校的学生，有的是社会闲散人员。有一天，打完游戏，一个叫大强（化名）的"朋友"问小凯有没有同学或朋友需要毒品，如果有需求可以向其购买，并可以得到"好处费"。于是，小凯就在亲密的同学和朋友间发布了消息。小刚（化名，15 岁，在校学生）因朋友要吸毒请求小凯帮忙购买毒品，后通过 QQ 联系与小凯商定毒品的交易地点、价格、数量。双方先后三次合计以 800 元价格交易共约 1 克甲基苯丙胺。后来，人民法院经审理认为，小凯明知是毒品甲基苯丙胺仍多次予以贩卖，情节严重，其行为已构成贩卖毒品罪。小凯向在校未成年学生贩卖毒品，应从重处罚；小凯犯罪时已满十六周岁未满十八周岁，被抓获后如实供述犯罪事实，依法应当减轻处罚。依据《中华人民共和国刑法》有关规定，判决被告人小凯犯贩卖毒品罪，判处有期徒刑一年十个月，并处罚金人民币 3000 元。

▶ 【法条链接】

《中华人民共和国刑法》第三百四十七条　走私、贩卖、运输、制造毒品，无论数量多少，都应当追究刑事责任，予以刑事处罚。

走私、贩卖、运输、制造毒品，有下列情形之一的，处十五年有期徒刑、无期徒刑或者死刑，并处没收财产：

（一）走私、贩卖、运输、制造鸦片一千克以上、海洛因或者甲基苯丙胺五十克以上或者其他毒品数量大的；

（二）走私、贩卖、运输、制造毒品集团的首要分子；

（三）武装掩护走私、贩卖、运输、制造毒品的；

（四）以暴力抗拒检查、拘留、逮捕，情节严重的；

（五）参与有组织的国际贩毒活动的。

走私、贩卖、运输、制造鸦片二百克以上不满一千克、海洛因或者甲基苯丙胺十克以上不满五十克或者其他毒品数量较大的，处七年以上有期徒刑，并处罚金。

走私、贩卖、运输、制造鸦片不满二百克、海洛因或者甲基苯丙胺不满十克或者其他少量毒品的，处三年以下有期徒刑、拘役或者管制，并处罚金；情节严重的，处三年以上

七年以下有期徒刑，并处罚金。

单位犯第二款、第三款、第四款罪的，对单位判处罚金，并对其直接负责的主管人员和其他直接责任人员，依照各该款的规定处罚。

利用、教唆未成年人走私、贩卖、运输、制造毒品，或者向未成年人出售毒品的，从重处罚。

对多次走私、贩卖、运输、制造毒品，未经处理的，毒品数量累计计算。

检察官提醒：未成年人不要涉足不良场所，避免与不良社会闲散人员交往。案例1和案例2中的蒲某某、小凯，因心智尚未完全成熟，容易受到教唆和引诱，容易沾染恶习。青少年要自觉抵制毒品，远离毒品，要时刻保清醒、强意识、慎交友、认危害，才能健康成长。

第四课

预防电信诈骗

第一节　电信诈骗的含义及形成

电信诈骗是指以非法占有为目的，利用手机短信、电话、网络电话、互联网等传播媒介，以虚构事实或隐瞒事实真相的方法，骗取数额较大的公私财物的行为（又称非接触性诈骗或远程诈骗）。

电信诈骗通常会以何种具体的形式开展呢？

一、冒充公检法进行诈骗

▶▶▶ 案例

宋某接到陌生电话称其信用卡在上海欠款。宋某否认后，接到一个自称公安的电话，称其卷入一起经济案件，并通过网络给她发了一份"逮捕令"。宋某于是按对方要求操作，先后被转走50余万元。

小贴士 ◀◀◀

警方不会通过电话做笔录。逮捕证由警方在逮捕现场出示，不会通过传真等方式发放，更不会在网上查到。公检法机关不会通过电话要求当事人转账汇款。

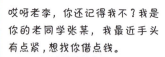
二.冒充熟人诈骗

哎呀老李,你还记得我不?我是你的老同学张某,我最近手头有点紧,想找你借点钱。

啊哈哈,记得记得,老同学老张,怎么能不记得……

▶ ▶ ▶ 案例

　　李某接到电话,对方直接叫出李某的名字并自称是其朋友"张某"。次日,李某再次接到其电话称急需用钱。第二天,李某在银行给对方汇款4万元,之后很快就发现"张某"是冒充的。

小贴士 ◀ ◀ ◀

　　记住一条:不管谁借钱,尤其通过网络或者电话,一定要通过拨打对方常用号码或者视频聊天等方式,核实对方身份后再做决定。

三、高薪兼职、找工作诈骗

▶▶▶ **案例**

李某通过某网络招聘平台找工作，拿到一家公司的录用通知。不久后，李某发现被骗入传销组织。事后查明，该公司是一家假冒正规公司名义进行欺诈活动的"李鬼"公司，打着招聘的名义通过网络招聘平台将人骗入传销组织。

小贴士 ◀◀◀

找兼职、工作的过程中，"高佣金""先垫付"都是诈骗的高频词汇，若招聘方没有留下固定电话和办公地址等信息，更需警惕。此外，过急的心态容易被对方利用，最好事先查证招聘公司的资料。

四、利用伪基站实施诈骗

▶ ▶ ▶ **案例**

　　某市民曾收到一条号码显示为"10086"发来的话费充值短信，他点击链接充值200元并填写身份信息。随后，他收到短信验证码并输入，但显示充值失败。很快，他收到银行扣款通知，银行卡被扣款3899元。

小贴士 ◀ ◀ ◀

　　一般情况下，如果你没在银行、通信营业厅办理相关业务，却收到"银行卡密码升级""积分兑换""中奖"等含有链接的短信，都可以当作垃圾短信处理，不要点击链接。

▶ 五、谎称网购平台诈骗

▶▶▶ **案例**

郝某花 29 元在网购平台买了一个手机支架。6 月 4 日，他接到自称"××客服"的电话，电话称因工作人员失误，将郝某加入"钻石会员"，若不取消，每月会自动扣款。郝某配合"客服"操作，被骗走 12 万余元。

小贴士 ◀◀◀

在网购的过程中，卖家与买家的交易行为仅在平台上进行。若对方有超越平台边界的行为，那么买家则有权要求其自证"清白"。

六、引诱裸聊敲诈勒索

如果不给我打钱，我就把你裸聊视频发到网上。

你别发网上，我给你钱。

▶▶▶ 案例

　　于某通过聊天软件认识刘某。于某提出若与其裸聊就给刘某1万元，并用软件制作了向刘某转账的单据照片。刘某同意后，于某将裸聊过程录了下来，以此威胁刘某。

小贴士 ◀◀◀

　　网络上与陌生人进行交流时，对于对方提出的过分要求，应直接拒绝。在与陌生人交流的过程中，我们应树立边界意识，保护好自己。

▶ 七、考试诈骗

▶▶▶ 案例

高考前，某地警方接到消息称，有人在 QQ 群中售卖屏蔽器、放射器、"橡皮擦接收器"等考试作弊器材。经侦查，警方抓获 3 名涉嫌销售考试作弊器材及从事贩卖"高考试题"诈骗活动的犯罪嫌疑人。

小贴士 ◀◀◀

在考试过程中，漏题、改分等行为本身就是非法的，即便抱有侥幸得到了高分，也会有"东窗事发"的一天。所以，大家还是好好学习、天天向上吧！

▶ 八、校园贷诈骗

▶▶▶ **案例**

　　邓某等人向学生放贷，每笔 8000 元，签订合同后，又以各种名义扣费，学生实际所得很少。邓某又故意制造借款人违约，要求借款人一次性还清本金、利息、违约金、催收费等计 12000 元至 16000 元，若借款人不还钱，就对其采取骚扰、威胁、非法拘禁等手段。

小贴士 ◀◀◀

　　学生申请借款或分期购物时，要衡量自己的还款能力。对于关乎自身信息、财产安全的事，要多方求证，不要轻易透露个人信息。发现危险，及时报警。

第二节　典型案例

▶ 未成年人被骗

　　某市小学生王某（女，小学六年级），在 QQ 好友空间看到"免费领取苹果手机"的广告后，加对方好友。对方称需要生成虚拟订单让其先付款再退款后，才能免费领取手机。王某使用她母亲的微信转账 15000 元，随后被对方拉黑才发现被骗。

　　某市小学生夏某（男，小学五年级），在交易平台上看到诈骗分子发布的卖游戏账号的信息，便加对方好友，对方让其线下交易。夏某用自己的零花钱向对方转账 3700 元，随后账号又被对方盗回，这才发现被骗。

▶ 未成年人参与诈骗案例

　　邓某某在某市利用本人及他人银行卡为王某等人诈骗犯罪所得取现、转账 7 万余元，事后本人获利 200 元，所获赃款全部被其耗用。邓某某最终受到法律的制裁。

检察官提醒：在现实中，电信诈骗案件呈现出犯罪主体年轻化、受害人群低龄化的趋势。有的未成年人贪小便宜，以为转账取现得到一点辛苦费只是帮忙而已，殊不知已触犯法律。当下的未成年人属于互联网时代的"原住民"，十六七岁正是对新鲜事物好奇心较重的年龄，虽然接触互联网的时间长、范围广，但因涉世未深、心智不成熟、辨别能力不强，对真假难辨、良莠不齐的网络信息抵抗力不强，遭遇贫困、暴力、厌学、忽视等各类问题时容易与网络因素叠加，诱发实施网络犯罪或被犯罪团伙欺骗而参与犯罪。此外，一些实施电信网络诈骗犯罪的成年人利用法律对未成年人从轻、减轻处罚的特殊政策，大肆胁迫、教唆、利诱未成年人参与、实施电信网络诈骗犯罪，也是未成年人涉及此类案件多发的原因之一。同学们一定要提高网络防范意识，树立正确的价值观，增强识别能力。

第三节　反诈防骗

▶ **反诈骗灵魂七问**

1. **刷单前问问自己：**

动动手指就能赚钱的好事，为啥能轮到你？

2. **网恋前问问自己：**

人靓声甜的小姐姐，温柔帅气又有钱的小哥哥，为啥还需要网恋？

3. **收到逮捕证时问问自己：**

抓人还要提前通知，警察是不是怕坏人跑路跑得不够快？

4. **裸聊前问问自己：**

自己的身材值不值得别人与你"坦诚相见"？

5. 网贷前问问自己：

无抵押还免息，对方为啥不直接送钱给你？

6. 点陌生链接前问问自己：

查信息就查信息，为啥还要下载一堆东西？

7. 高息理财前问问自己：

战无不胜的投资大师，为啥要苦口婆心帮助非亲非故的你？

检察官提醒：诈骗手段千变万化，但万变不离其宗。牢记"三不一多"原则，即未知链接不点击，陌生来电不轻信，个人信息不透露，转账汇款多核实。

第四篇

家长篇

第一课

家长的监护职责

　　监护权是监护人对于未成年人和精神病人等无民事行为能力人和限制行为能力人的人身权益、财产权益所享有的监督、保护的身份权，是对于无民事行为能力和限制民事行为能力的未成年人和成年精神病人的合法权益实施管理和保护的法律资格。

【法条链接】

《中华人民共和国民法典》第三十四条　监护人的职责是代理被监护人实施民事法律行为，保护被监护人的人身权利、财产权利以及其他合法权益等。

监护人依法履行监护职责产生的权利，受法律保护。

监护人不履行监护职责或者侵害被监护人合法权益的，应当承担法律责任。

因发生突发事件等紧急情况，监护人暂时无法履行监护职责，被监护人的生活处于无人照料状态的，被监护人住所地的居民委员会、村民委员会或者民政部门应当为被监护人安排必要的临时生活照料措施。

第三十五条　监护人应当按照最有利于被监护人的原则履行监护职责。监护人除为维护被监护人利益外，不得处分被监护人的财产。

未成年人的监护人履行监护职责，在作出与被监护人利益有关的决定时，应当根据被监护人的年龄和智力状况，尊重被监护人的真实意愿。

　　成年人的监护人履行监护职责，应当最大程度地尊重被监护人的真实意愿，保障并协助被监护人实施与其智力、精神健康状况相适应的民事法律行为。对被监护人有能力独立处理的事务，监护人不得干涉。

　　第三十六条　监护人有下列情形之一的，人民法院根据有关个人或者组织的申请，撤销其监护人资格，安排必要的临时监护措施，并按照最有利于被监护人的原则依法指定监护人：

　　（一）实施严重损害被监护人身心健康的行为；

　　（二）怠于履行监护职责，或者无法履行监护职责且拒绝将监护职责部分或者全部委托给他人，导致被监护人处于危困状态；

　　（三）实施严重侵害被监护人合法权益的其他行为。

　　本条规定的有关个人、组织包括：其他依法具有监护资格的人，居民委员会、村民委员会、学校、医疗机构、妇女联合会、残疾人联合会、未成年人保护组织、依法设立的老年人组织、民政部门等。

　　前款规定的个人和民政部门以外的组织未及时向人民法院申请撤销监护人资格的，民政部门应当向人民法院申请。

《中华人民共和国家庭教育促进法》由中华人民共和国第十三届全国人民代表大会常务委员会第三十一次会议于2021年10月23日通过，自2022年1月1日起施行。

《中华人民共和国家庭教育促进法》第二条　本法所称家庭教育，是指父母或者其他监护人为促进未成年人全面健康成长，对其实施的道德品质、身体素质、生活技能、文化修养、行为习惯等方面的培育、引导和影响。

第五条　家庭教育应当符合以下要求：

（一）尊重未成年人身心发展规律和个体差异；

（二）尊重未成年人人格尊严，保护未成年人隐私权和个人信息，保障未成年人合法权益；

（三）遵循家庭教育特点，贯彻科学的家庭教育理念和方法；

（四）家庭教育、学校教育、社会教育紧密结合、协调一致；

（五）结合实际情况采取灵活多样的措施。

　　第十六条　未成年人的父母或者其他监护人应当针对不同年龄段未成年人的身心发展特点，以下列内容为指引，开展家庭教育：

　　（一）教育未成年人爱党、爱国、爱人民、爱集体、爱社会主义，树立维护国家统一的观念，铸牢中华民族共同体意识，培养家国情怀；

　　（二）教育未成年人崇德向善、尊老爱幼、热爱家庭、勤俭节约、团结互助、诚信友爱、遵纪守法，培养其良好社会公德、家庭美德、个人品德意识和法治意识；

　　（三）帮助未成年人树立正确的成才观，引导其培养广泛兴趣爱好、健康审美追求和良好学习习惯，增强科学探索精神、创新意识和能力；

　　（四）保证未成年人营养均衡、科学运动、睡眠充足、身心愉悦，引导其养成良好生活习惯和行为习惯，促进其身心健康发展；

　　（五）关注未成年人心理健康，教导其珍爱生命，对其进行交通出行、健康上网和防欺凌、防溺水、防诈骗、防拐卖、防性侵等方面的安全知识教育，帮助其掌握安全知识和技能，增强其自我保护的意识和能力；

　　（六）帮助未成年人树立正确的劳动观念，参加力所能及的劳动，提高生活自理能力和独立生活能力，养成吃苦耐劳的优秀品格和热爱劳动的良好习惯。

第二课

督促监护令

　　"督促监护令"是指人民检察院在办理涉及未成年人案件中，发现监护人存在管教不严、监护缺位等问题，影响未成年人健康成长，导致未成年人违法犯罪或受到侵害时，向监护人发出依法履行监护职责的检察工作文书。

▶ "督促监护令"针对哪些情况

　　1. 监护人不依法履行监护职责导致未成年人违法犯罪或者受到刑事侵害。

　　2. 对未成年人不良行为和违法犯罪行为没有及时预防、管教和制止。

3. 不积极协助、配合做好对涉罪未成年人矫治教育。

4. 其他未依法履行抚养、教育、保护职责，严重影响未成年人健康成长或者合法权益保障。

▶ "督促监护令"有什么用

1. 通过促进家庭教育，感化涉罪未成年人认罪、悔罪。

2. 充分发挥家长对涉罪未成年人回归社会的教育作用。

3. 从家庭入手化解社会矛盾，降低未成年人再犯罪率。

4. 充实和填补了国家监护制度设计中的盲区和空白地带。

　　若不依法履行监护职责，拒不履行或怠于履行"督促监护令"义务，将会承担以下法律后果：

　　1. 放任被监护人有严重不良行为，或侵害被监护人合法权益的，由所在单位或者居委会、村委会、派出所依法予以劝诫、制止。

　　2. 构成违反治安管理行为的，由公安机关依法给予行政处罚。

　　3. 造成严重后果构成犯罪的，依法追究刑事责任。

▶ 典型案例

　　检察机关在办理一起未成年人涉嫌盗窃一案时，发现陈某某（化名）作为未成年犯罪嫌疑人王某某（化名）的监护人，未切实履行监护义务，致王某某养成长期吸烟习惯，多次长时间离家出走脱离监护，并与社会不良人员接触交往，最终染上盗窃恶习，实施盗窃行为十余次，构成犯罪。

　　检察机关认为王某某走上违法犯罪道路与陈某某监护缺位、监护不力有直接的关系，遂依法制作了"督促监护令"，对监护人提出了要预防和制止未成年人吸烟、饮酒、夜不归宿等不良行为，以及杜绝与社会不良人员接触交往四项要求。同时，对监护人不履行监护义务将会受到训诫、严重侵害被监护人合法权益，情节严重的，依法给予行政处罚，甚至将依法追究刑事责任等一系列的法律后果对陈某某进行了强调。

第五篇

学校篇

第一课

"一号检察建议"

主题：防治校园性侵

时间：2018 年 10 月

对象：教育部

含义：2018 年 10 月 19 日，最高人民检察院针对校园安全管理规定执行不严格、教职员工队伍管理不到位，以及儿童和学生法治教育、预防性侵害教育缺位等问题，向教育部发出了历史上首份检察建议，简称"一号检察建议"。

背景： "一号检察建议"缘起于一起性侵在校学生抗诉案。教师齐某在学校强奸、猥亵多名女童，拒不认罪，仅被判处十年有期徒刑。最高人民检察院以该案判决适用法律错误、量刑畸轻为由向最高人民法院提出抗诉后，齐某被改判无期徒刑。就抗诉齐某案件中发现的问题，最高人民检察院向教育部发出第一号检察建议。

核心内容： 建议进一步健全完善预防性侵害的制度机制；

加强对校园预防性侵害相关制度落实情况的监督检查；

依法严肃处理有关违法违纪人员等。

第二课

强制报告制度

▶ **什么是强制报告制度**

国家机关、法律法规授权行使公权力的各类组织及法律规定的公职人员，密切接触未成年人行业的各类组织及其从业人员，在工作中发现未成年人遭受或者疑似遭受不法侵害以及面临不法侵害危险的，应当立即向公安机关报案或举报。

▶ **谁来报告**

依法对未成年人负有教育、看护、医疗、救助、监护等特殊职责，或者虽不负有特殊职责但具有密切接触未成年人条件的企事业单位、基层群众自治组织、社会组织。其主要包括：居（村）民委员会，中小学校、幼儿园、校外培训机构、未成年人校外活动场所等教育机构及校车服务提供者，托儿所等托育服务机构，医院、妇幼保健院、急救中心、诊所等医疗机构，儿童福利机构、救助管理机构、未成年人救助保护机构、社会工作服务机构，旅店、宾馆，等等。

▶ 什么情况需要报告

1. 未成年人的生殖器官或隐私部位遭受或疑似遭受非正常损伤的。

2. 不满十四周岁的女性未成年人遭受或疑似遭受性侵害、怀孕、流产的。

3. 十四周岁以上女性未成年人遭受或疑似遭受性侵害所致怀孕、流产的。

4. 未成年人身体存在多处损伤、严重营养不良、意识不清，存

在或疑似存在受到家庭暴力、欺凌、虐待、殴打或者被人麻醉等情形的。

5. 未成年人因自杀、自残、工伤、中毒、被人麻醉、殴打等非正常原因导致伤残、死亡情形的。

6. 未成年人被遗弃或长期处于无人照料状态的。

7. 发现未成年人来源不明、失踪或者被拐卖、收买的。

8. 发现未成年人被组织乞讨的。

9. 其他严重侵害未成年人身心健康的情形或未成年人正在面临不法侵害危险的。

▶ 向谁报告

向公安机关报案或举报，并按照主管行政机关要求报告备案。

▶ 知而不报是何后果

负有报告义务的单位及其工作人员未履行报告职责，造成严重后果的，由其主管行政机关或者本单位依法对直接负责的主管人员或者其他直接责任人员给予相应处分；构成犯罪的，依法追究刑事责任。相关单位或者单位主管人员阻止工作人员报告的，予以从重处罚。

对于行使公权力的公职人员长期不重视强制报告工作，不按规定落实强制报告制度要求的，根据其情节、后果等情况，监察委员会应当依法对相关单位和失职失责人员进行问责，对涉嫌职务违法犯罪的依法调查处理。

▶ 典型案例

　　某县人民检察院在办理某小学老师杨某某、糜某某强奸、猥亵儿童案时，发现涉事学校正副校长包某某、印某某在接到家长举报后，既未调查核实也未向有关部门报告。县检察院建议公安机关向纪委监委移送该案线索。县纪委监委对包某某、印某某以违纪立案调查后，检察机关以涉嫌渎职犯罪提起公诉。包某某被以犯玩忽职守罪、受贿罪判处有期徒刑一年八个月；印某某被以犯玩忽职守罪判处有期徒刑十个月。

检察官提醒：从目前办案情况来看，医生对此类案件进行报告的占比较大。教师、医生等会与未成年人密切接触，更容易发现和掌握未成年人权益受损害的情况和线索。他们的敏感程度决定了强制报告制度的功效发挥。一旦发现相关线索，教师、医生等应立即按强制报告制度报告。

第三课

教职员工入职查询制度

　　2020年9月，最高人民检察院联合教育部、公安部共同发布了《关于建立教职员工准入查询性侵违法犯罪信息制度的意见》。该意见规定，中小学校、幼儿园新招录教职员工前，教师资格认定机构在授予申请人教师资格前，应当进行性侵违法犯罪信息查询，对具有性侵违法犯罪记录的人员，不予录用或者不予认定教师资格。

　　教职员工入职查询制度被新修订的《中华人民共和国未成年人保护法》吸收，成为法律的刚性规定。

▶【法条链接】

　　《中华人民共和国未成年人保护法》第六十二条　密切接触未成年人的单位招聘工作人员时，应当向公安机关、人民检察院查询应聘者是否具有性侵害、虐待、拐卖、暴力伤害等违法犯罪记录；发现其具有前述行为记录的，不得录用。

　　密切接触未成年人的单位应当每年定期对工作人员是否具有上述违法犯罪记录进行查询。通过查询或者其他方式发现其工作人员具有上述行为的，应当及时解聘。

▶ 应查未查有何后果

　　《中华人民共和国未成年人保护法》第一百二十六条　密切接触未成年人的单位违反本法第六十二条规定，未履行查询义务，或者招用、继续聘用具有相关违法犯罪记录人员的，由教育、人力资源和社会保障、市场监督管理等部门按照职责分工责令限期改正，给予警告，并处五万元以下罚款；拒不改正或者造成严重后果的，责令停业整顿或者吊销营业执照、吊销相关许可证，并处五万元以上五十万元以下罚款，对直接负责的主管人员和其他直接责任人员依法给予处分。